AF204604

Freiheit ist erst der Anfang

Gedanken zum Selbstvertrauen

Aus dem Englischen von Isabel Bogdan
Mit Illustrationen von Aino-Maija Metsola

 ARCHE

*Am 21. Januar 1931 hielt die schon damals
berühmte Schriftstellerin Virginia Woolf
vor der Londoner* National Society for Women's
Service *die hier vorliegende Rede, die unter
dem Titel* Professions for Women *in die
Geschichte eingehen sollte.*

When your secretary invited me to come here, she told me that your Society is concerned with the employment of women and she suggested that I might tell you something about my own professional experiences. It is true I am a woman; it is true I am employed; but what professional experiences have I had? It is difficult to say. My profession is literature; and in that profession there are fewer experiences for women than in any other, with the exception of the stage – fewer, I mean, that are peculiar to women. For the road was cut many years ago – by Fanny Burney, by Aphra Behn, by Harriet Martineau, by Jane Austen, by George Eliot – many famous women, and many more unknown and forgotten, have been before me, making the path smooth, and regulating my steps. Thus, when

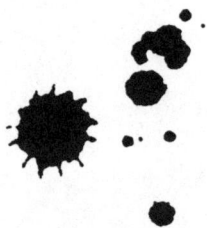

Als Ihre Generalsekretärin mich hierher einlud, erklärte sie mir, dass Ihre *Society* sich mit der Berufstätigkeit von Frauen beschäftigt, und schlug mir vor, über meine eigenen beruflichen Erfahrungen zu sprechen. Es stimmt: Ich bin eine Frau, und ich bin berufstätig. Aber welche beruflichen Erfahrungen habe ich? Das ist schwer zu sagen. Mein Beruf ist die Literatur; und in diesem Beruf gibt es weniger Erfahrungen für Frauen als in jedem anderen, mit Ausnahme der Bühne – weniger Erfahrungen, die spezifisch sind für Frauen, meine ich. Denn der Weg wurde schon vor vielen Jahren geebnet, von Fanny Burney, Aphra Behn, Harriet Martineau, Jane Austen, George Eliot – von vielen berühmten Frauen und noch viel mehr unbekannten und in Vergessenheit geratenen. Sie waren vor mir da, haben den Weg bereitet und

I came to write, there were very few material obstacles in my way. Writing was a reputable and harmless occupation. The family peace was not broken by the scratching of a pen. No demand was made upon the family purse. For ten and sixpence one can buy paper enough to write all the plays of Shakespeare – if one has a mind that way. Pianos and models, Paris, Vienna and Berlin, masters and mistresses, are not needed by a writer. The cheapness of writing paper is, of course, the reason why women have succeeded as writers before they have succeeded in the other professions.

But to tell you my story – it is a simple one. You have only got to figure to yourselves a girl in a bedroom with a pen in her hand. She had only

meine Schritte gelenkt. Als ich mit dem Schreiben anfing, lagen nur wenige Steine auf meinem Weg. Schreiben war eine angesehene und harmlose Beschäftigung. Der Familienfrieden wurde durch das Kratzen eines Stifts nicht gestört. Die Haushaltskasse nicht belastet. Man kann für kleines Geld genügend Papier kaufen, um sämtliche Shakespeare-Stücke zu schreiben – wenn man es schafft. Klaviere oder Modelle, Paris, Wien und Berlin, Meister und Affären, all das braucht man als Schriftstellerin nicht. Dass Papier so billig ist, ist natürlich der Grund dafür, dass Frauen als Schriftstellerinnen bereits Erfolg hatten, bevor sie in allen anderen Berufen reüssierten.

Aber um Ihnen meine Geschichte zu erzählen: Sie ist einfach. Stellen Sie sich ein Mädchen in einem Schlafzimmer vor, einen Federhalter in der Hand. Sie

to move that pen from left to right – from ten o'clock to one. Then it occurred to her to do what is simple and cheap enough after all – to slip a few of those pages into an envelope, fix a penny stamp in the corner, and drop the envelope into the red box at the corner. It was thus that I became a journalist; and my effort was rewarded on the first day of the following month – a very glorious day it was for me – by a letter from an editor containing a cheque for one pound ten shillings and sixpence. But to show you how little I deserve to be called a professional woman, how little I know of the struggles and difficulties of such lives, I have to admit that instead of spending that sum upon bread and butter, rent, shoes and stockings, or butcher's bills, I went out

musste den Stift nur von links nach rechts bewegen, von zehn Uhr bis um eins. Dann kam ihr in den Sinn, noch etwas ganz Einfaches und Billiges zu tun: ein paar dieser Seiten in einen Umschlag stecken, eine Briefmarke in eine Ecke kleben und den Umschlag in den roten Kasten an der nächsten Straßenecke werfen. So wurde ich Journalistin. Meine Bemühungen zahlten sich schon am ersten Tag des folgenden Monats aus – ein herrlicher Tag für mich: Ich erhielt einen Brief des Herausgebers mit einem Scheck über ein Pfund, zehn Shilling und Sixpence. Aber damit Sie verstehen, wie wenig ich es verdient habe, als berufstätige Frau bezeichnet zu werden, wie wenig ich von den Kämpfen und Widrigkeiten eines solchen Lebens weiß, muss ich Ihnen gestehen, dass ich das Geld nicht etwa für Brot und Butter, Miete, Schuhe

and bought a cat – a beautiful cat, a Persian cat, which very soon involved me in bitter disputes with my neighbours.

What could be easier than to write articles and to buy Persian cats with the profits? But wait a moment. Articles have to be about something. Mine, I seem to remember, was about a novel by a famous man. And while I was writing this review, I discovered that if I were going to review books I should need to do battle with a certain phantom. And the phantom was a woman, and when I came to know her better I called her after the heroine of a famous poem, The Angel in the House. It was she who used to come between me and my paper when I was

und Strümpfe oder die Rechnung des Metzgers aus-
gegeben habe. Stattdessen bin ich losgegangen und
habe mir eine Katze gekauft. Eine wunderschöne Perserkatze, die sehr schnell zum Anlass für unschöne
Dispute mit meinen Nachbarn wurde.

Was könnte einfacher sein, als Artikel zu schreiben
und vom Erlös Perserkatzen zu kaufen? Augenblick
mal. In den Artikeln muss es um etwas gehen. In
meinem ging es, wenn ich mich recht erinnere, um
den Roman eines berühmten Schriftstellers. Als ich
diese Rezension schrieb, stellte ich fest, dass ich bei
Buchbesprechungen mit einem Phantom zu kämpfen haben würde. Das Phantom war eine Frau, und
als ich sie näher kennenlernte, benannte ich sie nach
der Heldin des berühmten Gedichts »The Angel in
the House«. Sie war es, die zwischen mir und dem

writing reviews. It was she who bothered me and wasted my time and so tormented me that at last I killed her. You who come of a younger and happier generation may not have heard of her – you may not know what I mean by the Angel in the House. I will describe her as shortly as I can. She was intensely sympathetic. She was immensely charming. She was utterly unselfish. She excelled in the difficult arts of family life. She sacrificed herself daily. If there was chicken, she took the leg; if there was a draught she sat in it – in short she was so constituted that she never had a mind or a wish of her own, but preferred to sympathize always with the minds and wishes of others. Above

Papier stand, wenn ich Rezensionen schrieb. Sie war es, die mir keine Ruhe ließ und mir die Zeit stahl und mich so quälte, dass ich sie am Ende ermordete. Falls Sie aus einer jüngeren und glücklicheren Generation stammen, kennen Sie sie vielleicht nicht – vielleicht wissen Sie nicht, wen ich mit dem Engel im Haus meine. Ich will sie so knapp wie möglich beschreiben. Sie ist äußerst mitfühlend. Unglaublich charmant. Vollkommen selbstlos. Sie ist herausragend in der Kunst des Familienlebens. Sie opfert sich täglich auf. Wenn es Hühnchen gibt, nimmt sie das Bein. Wenn es zieht, setzt sie sich an den Platz, an dem es am ungemütlichsten ist – kurz gesagt, sie hat nie einen eigenen Kopf oder eigene Wünsche, sondern tritt immerzu hinter den Wünschen und Vorstellungen aller anderen zurück. Und außerdem ist sie, das

all – I need not say it – she was pure. Her purity was supposed to be her chief beauty – her blushes, her great grace. In those days – the last of Queen Victoria – every house had its Angel. And when I came to write I encountered her with the very first words. The shadow of her wings fell on my page; I heard the rustling of her skirts in the room. Directly, that is to say, I took my pen in my hand to review that novel by a famous man, she slipped behind me and whispered: "My dear, you are a young woman. You are writing about a book that has been written by a man. Be sympathetic; be tender; flatter; deceive; use all the arts and wiles of our sex. Never let anybody guess that you have a

versteht sich beinahe von selbst, eine reine Seele. Ihre Reinheit gilt als Kern ihrer Schönheit – ihr Erröten, ihre Anmut. Zu dieser Zeit, in den letzten Tagen Queen Victorias, hatte jeder Haushalt einen solchen Engel. Und als ich zu schreiben begann, begegnete ich dieser Erscheinung schon bei den ersten Worten. Der Schatten ihrer Flügel fiel auf mein Papier; ihre Röcke raschelten in meinem Zimmer. Konkret bedeutete es, dass sie in dem Moment, wenn ich den Federhalter in die Hand nahm, um den Roman eines berühmten Autors zu rezensieren, hinter mich trat und flüsterte: »Du, meine Liebe, bist eine junge Frau. Du schreibst über ein Buch, das von einem Mann geschrieben wurde. Sei mitfühlend; sei sanft; schmeichle ihm; täusche ihn; setze alle Künste und Schliche unseres Geschlechts ein. Lass niemanden auf die

mind of your own. Above all, be pure." And she made as if to guide my pen. I now record the one act for which I take some credit to myself, though the credit rightly belongs to some excellent ancestors of mine who left me a certain sum of money – shall we say five hundred pounds a year? – so that it was not necessary for me to depend solely on charm for my living. I turned upon her and caught her by the throat. I did my best to kill her. My excuse, if I were to be had up in a court of law, would be that I acted in self-defence. Had I not killed her she would have killed me. She would have plucked the heart out of my writing. For, as I found, directly I put pen to paper, you cannot review

Idee kommen, du hättest deinen eigenen Kopf. Und vor allem: Sei eine reine Seele.« Sie hob an, mir den Stift zu führen. Und jetzt erzähle ich Ihnen von dem einen Akt, auf den ich selbst stolz bin, auch wenn ein Teil der Anerkennung einigen meiner großartigen Vorfahren gebührt, die mir eine gewisse Summe vererbt haben – sagen wir fünfhundert Pfund im Jahr? –, sodass ich mich nicht auf meinen Charme verlassen musste, um über die Runden zu kommen. Ich drehte mich also zu ihr um und packte sie an der Gurgel. Ich tat alles, um sie zu töten. Meine Entschuldigung, sollte ich deswegen jemals vor Gericht gestellt werden: Es war Notwehr. Hätte ich sie nicht umgebracht, dann hätte sie mich umgebracht. Sie hätte meinem Schreiben das Herz herausgerissen. Denn – wie ich schon in dem Moment merkte, in dem ich den Stift

even a novel without having a mind of your own, without expressing what you think to be the truth about human relations, morality, sex. And all these questions, according to the Angel of the House, cannot be dealt with freely and openly by women; they must charm, they must conciliate, they must – to put it bluntly – tell lies if they are to succeed. Thus, whenever I felt the shadow of her wing or the radiance of her halo upon my page, I took up the inkpot and flung it at her. She died hard. Her fictitious nature was of great assistance to her. It is far harder to kill a phantom than a reality. She was always creeping back when I thought I had despatched her. Though I flatter myself that I

aufs Papier setzte – man kann nicht mal einen Roman besprechen, ohne seinem eigenen Kopf zu folgen, ohne das auszudrücken, was man für die Wahrheit über menschliche Beziehungen, Moral und Sex hält. Und all diese Fragen können, wenn es nach dem Engel im Haus geht, von Frauen nicht frei und offen behandelt werden; Frauen müssen bezaubern, sie müssen besänftigen, sie müssen, um es ganz deutlich zu sagen, lügen, um etwas zu erreichen. Wann immer ich also den Schatten ihrer Flügel oder das Strahlen ihres Heiligenscheins auf meinem Blatt spürte, nahm ich das Tintenfass und warf damit nach ihr. Sie starb langsam. Das lag an ihrer fiktiven Natur, ein Phantom ist viel schwerer zu töten als etwas Reales. Immer wieder kam sie angekrochen, wenn ich dachte, ich hätte sie erledigt. Auch wenn ich mich damit brüs-

21

killed her in the end, the struggle was severe; it took much time that had better have been spent upon learning Greek grammar; or in roaming the world in search of adventures. But it was a real experience; it was an experience that was bound to befall all women writers at that time. Killing the Angel in the House was part of the occupation of a woman writer.

But to continue my story. The Angel was dead; what then remained? You may say that what remained was a simple and common object – a young woman in a bedroom with an inkpot. In other words, now that she had rid herself of falsehood, that young woman had only to be herself. Ah, but what is "herself"? I mean, what is a woman?

te, sie am Ende wirklich getötet zu haben: Es war ein harter Kampf. Er hat mich viel Zeit gekostet, die ich besser damit verbracht hätte, griechische Grammatik zu lernen oder die Welt zu bereisen und Abenteuer zu erleben. Aber es war eine reale Erfahrung; es war die Erfahrung, die alle weiblichen Autorinnen zu dieser Zeit gemacht haben. Den Engel im Haus zu töten ist Teil der Arbeit von Schriftstellerinnen.

Aber weiter mit meiner Geschichte. Der Engel war tot. Was blieb? Man kann sagen, was blieb, war etwas ganz Einfaches und Gewöhnliches: eine junge Frau mit einem Tintenfass in einem Schlafzimmer. Mit anderen Worten, nachdem sie sich von der Falschheit befreit hatte, musste die junge Frau nur noch sie selbst sein. Aber was ist »sie selbst«? Ich meine, was ist eine Frau? Ich kann Ihnen versichern: Ich weiß es

I assure you, I do not know. I do not believe that you know. I do not believe that anybody can know until she has expressed herself in all the arts and professions open to human skill. That indeed is one of the reasons why I have come here out of respect for you, who are in process of showing us by your experiments what a woman is, who are in process Of providing us, by your failures and successes, with that extremely important piece of information.

But to continue the story of my professional experiences. I made one pound ten and six by my first review; and I bought a Persian cat with the proceeds. Then I grew ambitious. A Persian cat is all very well, I said; but a Persian cat is not enough. I must have a

nicht. Und ich glaube nicht, dass Sie es wissen. Ich glaube nicht, dass es irgendeine Frau weiß, die sich nicht in sämtlichen menschenmöglichen Künsten und Fertigkeiten ausgedrückt hat. Und das ist einer der Gründe, warum ich hier stehe: aus Respekt vor Ihnen, die Sie dabei sind, uns durch Ihre Bemühungen zu zeigen, was eine Frau ausmacht; die Sie uns durch Ihr Scheitern und Ihre Erfolge mit diesen ungeheuer wichtigen Informationen versorgen.

Aber weiter mit meinen beruflichen Erfahrungen. Mit meiner ersten Rezension verdiente ich also ein Pfund zehn und Sixpence und kaufte mir eine Perserkatze. Dann wurde ich ehrgeizig. Eine Perserkatze ist schön und gut, aber eine Perserkatze reicht nicht. Ich brauchte ein Automobil. So wurde ich Romanautorin. Es ist sonderbar, aber die Menschen ver-

motor car. And it was thus that I became a novelist –
for it is a very strange thing that people will give you
a motor car if you will tell them a story. It is a still
stranger thing that there is nothing so delightful in
the world as telling stories. It is far pleasanter than
writing reviews of famous novels. And yet, if I am
to obey your secretary and tell you my professional
experiences as a novelist, I must tell you about a very
strange experience that befell me as a novelist. And
to understand it you must try first to imagine a novelist's state of mind. I hope I am not giving away
professional secrets if I say that a novelist's chief de-
sire is to be as unconscious as possible. He has to
induce in himself a state of perpetual lethargy. He
wants life to proceed with the utmost quiet and
regularity. He wants to see the same faces, to read

schaffen einem ein Automobil, wenn man ihnen
eine Geschichte erzählt. Noch sonderbarer ist, dass
nichts auf der Welt mehr Freude macht als das Ge-
schichtenerzählen. Viel mehr Freude als das Schreiben von Rezensionen berühmter Romane. Aber
wenn ich Ihrer Generalsekretärin gehorchen und
von meinen beruflichen Erfahrungen als Schriftstellerin erzählen soll, muss ich Ihnen von einem
sehr eigenartigen Erlebnis berichten. Um es zu verstehen, müssen Sie sich in den Geisteszustand von
Schreibenden versetzen. Ich hoffe, ich plaudere kein
Berufsgeheimnis aus, wenn ich Ihnen sage, dass man
beim Schreiben versucht, so unbewusst wie möglich
zu agieren. Man muss sich in dauerhafte Lethargie
versetzen, man möchte, dass das Leben möglichst
ruhig und regelmäßig verläuft. Man möchte beim

the same books, to do the same things day after day, month after month, while he is writing, so that nothing may break the illusion in which he is living – so that nothing may disturb or disquiet the mysterious nosings about, feelings round, darts, dashes and sudden discoveries of that very shy and illusive spirit, the imagination. I suspect that this state is the same both for men and women. Be that as it may, I want you to imagine me writing a novel in a state of trance. I want you to figure to yourselves a girl sitting with a pen in her hand, which for minutes, and indeed for hours, she never dips into the inkpot. The image that comes to my mind when I think of this girl is the image of a fisherman lying sunk in dreams on the verge of a deep lake with a rod held out over

Schreiben Tag für Tag, Monat für Monat dieselben Gesichter sehen, dieselben Bücher lesen, dieselben Dinge tun, damit nichts die Illusion stört, in der man gerade lebt – damit nichts das mysteriöse Schlingern, das emotionale Tasten, die Sätze und Sprünge und plötzlichen Entdeckungen dieses sehr schüchternen und flüchtigen Geistes namens Fantasie stört oder in Unruhe bringt. Ich nehme an, dieser Zustand ist bei Männern und Frauen gleich. Wie dem auch sei, stellen Sie sich vor, ich schreibe einen Roman in einer Art Trance. Stellen Sie sich eine junge Frau vor, den Federhalter in der Hand, den sie minutenlang, tatsächlich manchmal stundenlang nicht ins Tintenfass taucht. Das Bild, das mir selbst in den Sinn kommt, wenn ich mir diese junge Frau vorstelle, ist das Bild einer Anglerin, die gedankenverloren

the water. She was letting her imagination sweep un-checked round every rock and cranny of the world that lies submerged in the depths of our uncon-scious being. Now came the experience, the expe-rience that I believe to be far commoner with wo-men writers than with men. The line raced through the girl's fingers. Her imagination had rushed away. It had sought the pools, the depths, the dark places where the largest fish slumber. And then there was a smash. There was an explosion. There was foam and confusion. The imagination had dashed itself against something hard. The girl was roused from her dream. She was indeed in a state of the most acute and difficult distress. To speak without figure she had thought of something, something about the body, about the passions which it was unfitting for

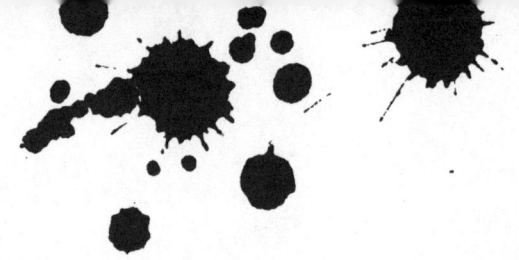

am Ufer eines tiefen Sees liegt und die Angel über das Wasser hält. Sie lässt ihre Vorstellungskraft ungehemmt jeden Stein und jede Spalte der Welt erkunden, die in den Tiefen ihres Unbewussten verborgen liegt. Und dann kommt die Erfahrung, von der ich glaube, dass sie unter schreibenden Frauen deutlich verbreiteter ist als unter Männern. Die Angelschnur rast durch die Finger der jungen Frau. Die Fantasie geht mit ihr durch. Sie hat die Wasserlöcher, die Tiefen, die dunklen Orte erkundet, in denen sich die dicksten Fische verstecken. Und dann tut es einen Schlag. Es gibt eine Explosion. Es bildet sich Schaum und Durcheinander. Die Fantasie prallt hart auf. Die junge Frau erwacht aus dem Traum. Sie ist tatsächlich in allerhöchster Not. Oder um von der Metapher wieder wegzugehen, ihr ist etwas eingefallen, etwas

her as a woman to say.

Men, her reason told her, would be shocked. The consciousness of – what men will say of a woman who speaks the truth about her passions had roused her from her artist's state of unconsciousness. She could write no more. The trance was over. Her imagination could work no longer. This I believe to be a very common experience with women writers – they are impeded by the extreme conventionality of the other sex. For though men sensibly allow themselves great freedom in these respects, I doubt that they realize or can control the extreme severity with which they condemn such freedom in women.

über den Körper, über die Leidenschaft, was man als Frau einfach nicht aussprechen kann. Die Männer, sagt ihr die Vernunft, wären entsetzt. Das Wissen darum, wie Männer über Frauen sprechen, die die Wahrheit über ihre Leidenschaften ausdrücken, holt sie aus dem künstlerischen Zustand des Unbewussten. Sie kann nicht mehr schreiben. Die Trance ist vorbei. Ihre Vorstellungskraft funktioniert nicht mehr. Und ich glaube, das ist eine Erfahrung, die unter Schriftstellerinnen verbreitet ist – sie werden von der extremen Engstirnigkeit des anderen Geschlechts ausgebremst. Denn auch wenn Männer sich selbst in diesen Dingen vernünftigerweise große Freiheiten erlauben, bezweifle ich, dass ihnen die extreme Härte, mit der sie solche Freiheiten bei Frauen verurteilen, bewusst ist oder sie sie unter Kontrolle haben.

These then were two very genuine experiences of my own. These were two of the adventures of my professional life. The first – killing the Angel in the House – I think I solved. She died. But the second, telling the truth about my own experiences as a body, I do not think I solved. I doubt that any woman has solved it yet. The obstacles against her are still immensely powerful – and yet they are very difficult to define. Outwardly, what is simpler than to write books? Outwardly, what obstacles are there for a woman rather than for a man? Inwardly, I think, the case is very different; she has still many ghosts to fight, many prejudices to overcome. Indeed it will be a long time still, I think, before a woman can sit down to write a book without finding a phantom to be

Das waren zwei ganz persönliche, authentische Erfahrungen. Die beiden Abenteuer meines Arbeitslebens.
Das erste – den Engel im Haus umzubringen – habe
ich geschafft, denke ich. Sie ist tot. Aber das zweite
Problem, die Wahrheit über meine eigenen körper-
lichen Erfahrungen zu schreiben, habe ich wohl noch
nicht gelöst. Ich bezweifle, dass überhaupt eine Frau
es schon gelöst hat. Die Steine, die uns in den Weg   35
gelegt werden, sind immer noch mächtig – und doch
schwer zu definieren. Nach außen hin sieht es aus, als
wäre nichts einfacher, als Bücher zu schreiben. Nach
außen hin sieht es aus, als gäbe es für Frauen keine
Hindernisse, die es nicht auch für Männer gibt. Aber
im Inneren denke ich, die Sache ist ganz anders ge-
lagert: Frauen haben immer noch viele Geister zu
bekämpfen, viele Vorurteile zu überwinden. Es wird

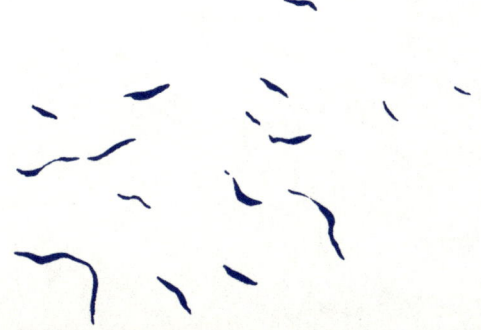

slain, a rock to be dashed against. And if this is so in literature, the freest of all professions for women, how is it in the new professions which you are now for the first time entering?

Those are the questions that I should like, had I time, to ask you. And indeed, if I have laid stress upon these professional experiences of mine, it is because I believe that they are, though in different forms, yours also. Even when the path is nominally open – when there is nothing to prevent a woman from being a doctor, a lawyer, a civil servant – there are many phantoms and obstacles, as I believe, looming in her way. To discuss and define them is I think of great value and importance; for thus only can the labour

noch lange dauern, denke ich, bis eine Frau sich hinsetzen und einen Roman schreiben kann, ohne Phantome totzuschlagen und gegen Mauern zu rennen. Und wenn das schon in der Literatur so ist, dem freisten aller Berufe für Frauen, wie ist es dann in den neuen Berufen, die Sie nun zum ersten Mal ergreifen? Das sind die Fragen, die ich Ihnen stellen würde, hätte ich die Zeit dazu. Wenn ich hier meine eigenen beruflichen Erfahrungen betont habe, dann deswegen, weil ich glaube, dass sie auch die Ihren sind, wenn auch in anderen Ausprägungen. Selbst wenn der Weg theoretisch frei ist – wenn niemand eine Frau daran hindert, Ärztin, Rechtsanwältin, Beamtin zu werden –, versperren ihr jede Menge Phantome und Hindernisse den Weg. Diese zu besprechen und zu definieren, ist von großem Wert und großer Wichtigkeit, denn nur

be shared, the difficulties be solved. But besides this, it is necessary also to discuss the ends and the aims for which we are fighting, for which we are doing battle with these formidable obstacles. Those aims cannot be taken for granted; they must be perpetually questioned and examined. The whole position, as I see it – here in this hall surrounded by women practising for the first time in history I know not how many different professions – is one of extraordinary interest and importance. You have won rooms of your own in the house hitherto exclusively owned by men. You are able, though not without great labour and effort, to pay the rent. You are earning your five hundred pounds a year. But this freedom is

so kann die Arbeit geteilt, nur so können die Schwie-
rigkeiten gelöst werden. Darüber hinaus müssen wir
aber auch unsere Ziele und Absichten diskutieren,
für die wir gegen diese ungeheuren Hindernisse
ankämpfen. Diese Ziele können wir nicht als gegeben
ansehen – sie müssen laufend infrage gestellt und ge-
nauer betrachtet werden. Die Situation ist, denke ich –
hier in diesem Raum voller Frauen, die zum ersten
Mal in der Geschichte ich weiß nicht wie viele Berufe
ausüben –, ungewöhnlich interessant und wichtig.
Sie alle haben in dem Haus, das bislang ausschließ-
lich von Männern besessen wurde, eigene Zimmer
gewonnen. Sie sind, wenn auch mit viel Arbeit und
Anstrengung, in der Lage, die Miete selbst zu bezah-
len. Sie verdienen Ihre fünfhundert Pfund im Jahr

only a beginning – the room is your own, but it is still bare. It has to be furnished; it has to be decorated; it has to be shared. How are you going to furnish it, how are you going to decorate it? With whom are you going to share it, and upon what terms? These, I think are questions of the utmost importance and interest. For the first time in history you are able to ask them; for the first time you are able to decide for yourselves what the answers should be. Willingly would I stay and discuss those questions and answers – but not tonight. My time is up; and I must cease.

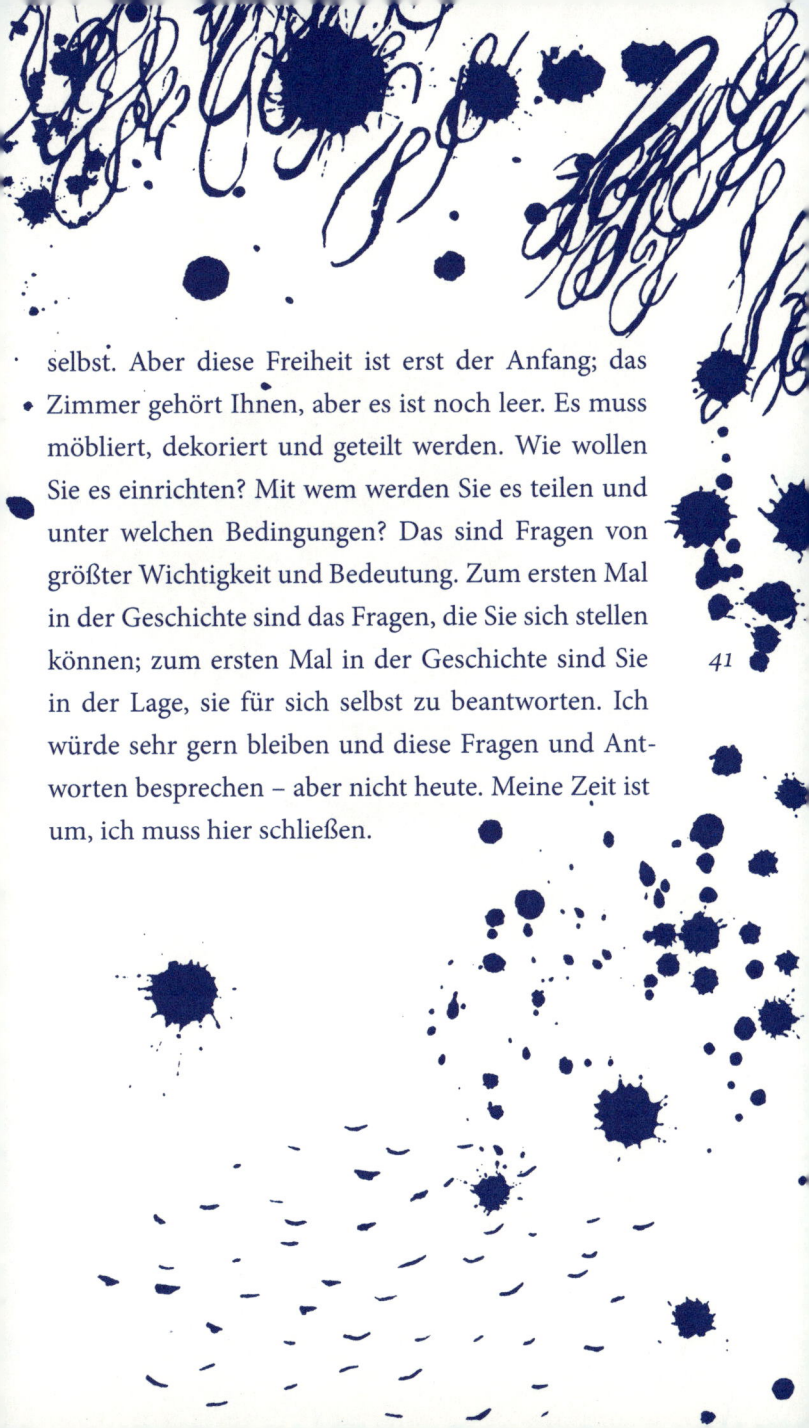

selbst. Aber diese Freiheit ist erst der Anfang; das Zimmer gehört Ihnen, aber es ist noch leer. Es muss möbliert, dekoriert und geteilt werden. Wie wollen Sie es einrichten? Mit wem werden Sie es teilen und unter welchen Bedingungen? Das sind Fragen von größter Wichtigkeit und Bedeutung. Zum ersten Mal in der Geschichte sind das Fragen, die Sie sich stellen können; zum ersten Mal in der Geschichte sind Sie in der Lage, sie für sich selbst zu beantworten. Ich würde sehr gern bleiben und diese Fragen und Antworten besprechen – aber nicht heute. Meine Zeit ist um, ich muss hier schließen.

41

Virginia Woolf, geboren 1882 in London, zählt zu den wichtigsten modernen Autorinnen und Autoren Großbritanniens. Ihre Romane, darunter *Mrs Dalloway* und *Orlando,* gehören fest in den Kanon der Weltliteratur, obwohl die Schriftstellerin nie eine Schule oder Universität besuchte. Sie war Teil der legendären Bloomsbury Group und gründete 1917 gemeinsam mit ihrem Mann Leonard Woolf den Verlag The Hogarth Press. Dort erschien 1929 ihr Essayband *Ein Zimmer für sich allein,* mit dem sie zu einer Ikone weiblichen Schreibens und der Frauenbewegung wurde. Am 28. März 1941 nahm sich Virginia Woolf in einem Fluss in Sussex das Leben.

Isabel Bogdan, geboren 1968 in Köln, studierte Anglistik und Japanologie in Heidelberg und Tokio. Sie verfasste zahlreiche Übersetzungen, u. a. von Jane Gardam, Nick Hornby und Jonathan Safran Foer. 2011 erschien ihr Buch *Sachen machen,* 2016 folgte der Roman *Der Pfau,* 2019 der Roman *Laufen.* 2006 erhielt Isabel Bogdan den Hamburger Förderpreis für literarische Übersetzung und 2011 den Hamburger Förderpreis für Literatur.

Aino-Maija Metsola lebt und arbeitet als Künstlerin in Helsinki, wo sie an der Hochschule für Kunst und Design studierte. Für ihre Gestaltung der Virginia-Woolf-Ausgaben des britischen Penguin Verlags wurde sie mit dem V&A Illustration Award for Book Cover Design ausgezeichnet, außerdem erhielt sie den Finlandia Junior-Preis. Ihre Kinderbücher wurden in 21 Sprachen übersetzt.

Der Originaltext erschien 1942 unter dem Titel *Professions for Women* im Essayband *The Death of the Moth and Other Essays* im Verlag The Hogarth Press, London.

ISBN 978-3-7160-2805-6

Umschlaggestaltung und Motiv sowie Illustrationen:
© Aino-Maija Metsola, Helsinki
Gesetzt aus der Minion Pro
Druck und Bindung:
Beltz Grafische Betriebe GmbH, Bad Langensalza
Printed in Germany

www.arche-verlag.com
www.facebook.com/ArcheVerlag
www.instagram.com/arche_verlag